HAUT
FRAGILE
BAS

APHRODITE

« Les Ondines » est une collection des Éditions Dupuis.

Nadja

APHRODITE

Les Ondines

I.

LA NAISSANCE D'APHRODITE

Aphrodite apparut un beau jour
au beau milieu de l'océan.

Elle était d'une beauté extraordinaire.

Elle partit aussitôt à la recherche d'un endroit pour s'y installer.

CYTHÈRE
EH LES MECS, EH LES MECS !
QU'EST-CE QUE C'EST QUE CETTE MERVEILLE ?
ATTENDEZ, JE FINIS MA SALADE.
QUESTION : EST-CE QUE JE VEUX VIVRE À CYTHÈRE ?
RÉPONSE : NON.
CYTHÈRE... VU. PÉLOPONNÈSE... VU.
QU'EST-CE QUE JE VAIS FAIRE ? JE SAIS PAS QUOI FAIRE...
ET EN PLUS Y A DU VENT !!!
EH OH !
?!
EH, LÀ-BAS !
TU VIENS JOUER AVEC NOUS ?
YOU HOU !
Bienvenue à CHYPRE SES PLAGES, SES NYMPHES...
SES SALADES...
CRUNCH
CRUNCH
SUPER... VOUS ÊTES QUI ?
ON EST LES SAISONS, ÇA SE VOIT PAS ?!!
TU VEUX QU'ON TE DONNE DES ROBES ? ON EN A PLEIN !
38-40, C'EST ÇA ?
MOI, JE DIRAIS PLUTÔT UN 42-44, À VUE DE NEZ.
PRINTEMPS
ÉTÉ
TOMNE
HIVER

OH LÀ LÀ, T'ES SÛRE QUE JE PEUX LA PRENDRE ? ÇA TE DÉRANGE PAS ?
PUISQUE JE TE LE DIS ! ALLEZ, ESSAYE-LA.
ÉTÉ
PRINTEMPS
POURQUOI ÇA FAIT DES FLEURS QUAND ELLE PARLE ?
ÇA SERAIT PLUS JOLI AVEC DES SALADES.
ET TU L'AURAIS PAS EN BLEU PAR HASARD ?
PARCE QUE LE ROSE, ÇA ME VA VRAIMENT PAS.
SI ÇA TE DÉRANGE PAS.
JE VAIS VOIR CE QUE JE PEUX FAIRE.
ÉTÉ
OOOOH... C'EST LÀ QUE JE VAIS HABITER ? C'EST TROP JOLIIII...
FOUR SEASONS
ET VOUS ÊTES SÛRES QUE ÇA VOUS DÉRANGE PAS QUE JE PRENNE LA PLUS GRANDE CHAMBRE ?
BIEN SÛR QUE NON, APHRODITE.
FAIS COMME CHEZ TOI.
MAIS ESSAYE DE PAS METTRE TES FLEURS PARTOUT, ÇA FAIT PAS NET.
ÉTÉ
PRINTEMPS

CUI CUI
CUI CUI
PAS TROP DE MIEL DANS MON NECTAR, S'IL TE PLAÎT. TU SAIS BIEN QU'IL FAUT QUE JE PENSE À MA LIGNE.
il la prit dans ses bras musclés
ET AVEC ÇA, MADAME VOUDRA DE LA CONFITURE DE ROSES, PEUT-ÊTRE?
Y EN A PARTOUT, AUTANT QUE ÇA SERVE.
Et c'est ainsi qu'Aphrodite s'installa à Paphos (Chypre) et devint la déesse de la Beauté et de l'Amour.
C'EST QUOI?
LA COLLECTION COMPLÈTE D'"AMOUR ET BEAUTÉ"... IL PARAÎT QU'ELLE ADORE
LA DERNIÈRE FOIS J'AI ESSAYÉ LES CHOCOLATS ÇA A PAS MARCHÉ
JE CROYAIS QUE TU AIMAIS PAS L'AMOUR...
J'AI CHANGÉ D'AVIS.
TEMPLE D'APHRODITE
DÉPOSEZ LES OFFRANDES À L'INTÉRIEUR

Interview d'Aphrodite (extrait)
ATTENDEZ... NE ME FAITES PAS DIRE CE QUE J'AI PAS DIT...
J'AI JAMAIS DIT QUE J'AIMAIS PAS LE ROSE!
J'ADORE LE ROSE!
J'AI JUSTE DIT QUE J'AIME PAS PORTER DU ROSE.
JE TROUVE ÇA TRÈS JOLI POUR UN LIT, PAR EXEMPLE...
D'AILLEURS MON LIT EST ROSE.
ET J'ADORE MON LIT.
NON, CE QUE JE VEUX DIRE, C'EST QUE...
ON EST D'ACCORD POUR DIRE QUE JE SUIS TRÈS, TRÈS JOLIE...
ALORS SI EN PLUS JE METS DU ROSE...
C'EST TROP JOLI.
VOUS COMPRENEZ?

II.
LE FILS D'APHRODITE

Aphrodite eut un fils, Eros. Il était très beau, lui aussi. C'était le dieu de L'Amour et il rendait tout le monde amoureux avec ses flèches. Mais lui-même ne l'avait jamais été (amoureux).

EROS EST-CE QUE TU PEUX VENIR T'ASSEOIR SUR TA CHAISE, S'IL TE PLAÎT !
JE VAIS L'AVOIR, CELLE-LÀ.
BZZ
BZZ
BZZ ?
SHLACK !
?!!
BZZ
BZZ

?
JE L'AI EUE! JE L'AI EUE!
CHÉRIE! AMOUR!
AH MAIS ÇA SUFFIT À LA FIN!
ON AVAIT DIT QU'ON SERAIT JUSTE AMIS!
EH, M'MAN, T'AS VU? JE L'AI EUE, M'MAN, T'AS VU?
ET ARRÊTE D'EMBÊTER CES PAUV'MOUCHES QUI T'ONT RIEN FAIT!
OLYMPE NEWS
HAHA! VOUS ALLEZ VOIR!
AU SECOURS, J'AI PEUR!

HEIN?!!
OLYMPE NEWS
LE JOURNAL DES DÉESSES
ACHETEZ BLUP LE NECTAR QUI REND
OLYMPE NEWS
LA PRINCESSE PSYCHÉ EST TELLEMENT BELLE QUE PERSONNE NE VEUT L'ÉPOUSER. SON PÈRE LE ROI DE(X...) EST DÉSESPÉRÉ.
PSYCHÉ! PLUS BELLE QUE LA PLUS BELLE DES DÉESSES!!!
POURQUOI? POURQUOI?
ESPÉRÉ.
-JE NE SAIS PLUS QUOI FAIRE, CONFIE-T-IL À NOTRE CORRESPONDANT. CONSULTER UN ORACLE?
EH, MAIS... LA PLUS BELLE DES DÉESSES... C'EST...
MOI!!!
ACHETEZ BLUP LE NECTAR QUI REND FOU

?
S'ILS CROIENT QUE JE VAIS LAISSER FAIRE ÇA !!!
EH, M'MAN! TU VAS OÙ?
DIS À PRINTEMPS DE FAIRE TON GOÛTER, JE SERAI PAS RENTRÉE AVANT CE SOIR.
C'EST ÇA, SON PALAIS? PAS TERRIBLE.
ELLE EST NULLE, SA PISCINE.

POURQUOI? POURQUOI?
TU POUVAIS PAS ÊTRE UN PEU MOINS BELLE?!
TROP BELLE, TROP BELLE... FAUT PAS EXAGÉRER NON PLUS...
OUAIS, BEN C'EST PAS DE MA FAUTE, QUAND MÊME!
REGARDE TES SŒURS, ELLES SONT MOCHES!
EH BEN ELLES ONT TROUVÉ UN MARI, ELLES!
QUESTION: EST-CE QUE ÇA M'ÉTONNE QU'ELLE AIT UNE ROBE ROSE? RÉPONSE: NON.
ON PRÉFÈRE EN PRENDRE UNE MOCHE, C'EST PLUS PEINARD.
AGRÉABLE...
MAIS QU'EST-CE QUE JE VAIS FAIRE? QU'EST-CE QUE JE VAIS FAIRE?!

QU'EST-CE QUE JE VAIS FAIRE?
ALLER VOIR L'ORACLE
ALLER VOIR L'ORACLE... L'ORACLE... L'ORACLE...
ET SI J'ALLAIS VOIR UN ORACLE?!
1452, 1453, 1454...
GROTTE DE L'ORACLE EN HAUT À DROITE
ORACLE
VOUS ÊTES ARRIVÉ
C'EST À QUEL SUJET?

BEN VOILÀ: YA MA FILLE, ELLE EST TROP BELLE ET PERSONNE VEUT SE MARIER AVEC ELLE.
EMBÊTANT...
BEN DIS-DONC, C'EST PAS LA JOIE.
OUH LÀ!!!
QUOI? QUOI?
JE VOIS DES CATASTROPHES! LA FAMINE! LA DISPARITION COMPLÈTE DU ROYAUME! LA MORT DU ROI DANS DES DOULEURS EFFROYABLES!
JE DIS PAREIL
ET... ON PEUT RIEN FAIRE?
SI. IL FAUT LA METTRE SUR UN ROCHER AU MILIEU DE L'OCÉAN, ET LÀ. UN MONSTRE HORRIBLE VIENDRA LA CHERCHER POUR LA DÉVORER.
MAIS C'EST HORRIBLE!!!
OUI.
HÉHÉ
JE SUIS DÉSOLÉE MAIS C'EST COMME ÇA
EH OUI!

BON, BEN AU REVOIR, PAPA!
ALLEZ! UNE, DEUX.. UNE, DEUX..
AU CAS OÙ ON S'EN SOUVIENDRAIT PAS
OUAIS
EXACTEMENT

BON, ALORS, IL VIENT, CE MONSTRE?

JE TE PRÉVIENS! SI TU VIENS PAS, JE VAIS LE DIRE À MON PAPA!
ET IL VIENDRA AVEC SON GRAND BATEAU, ET IL T'ATTRAPERA, ET IL FERA DU PÂTÉ DE MONSTRE!
ET MOI JE FERAI DES TARTINES AVEC ET JE LES MANGERAI!!!
JE COMMENCE À AVOIR UN PETIT PEU FAIM, D'AILLEURS.
JE ME DEMANDE QUEL GOÛT ÇA A, LE MONSTRE.

Pendant ce temps-là, dans l'azur...
HA HA! MÊME PAS EUES!
C'EST PAS DU JEU. J'AVAIS PAS DIT "GO!".
HA HA HA HA HA!
IDIOTES DE MOUCHES.
EH, MAIS C'EST QUOI, ÇA ?

?
MIAM-MIAM, TARTINE DE MONSTRE!
ET VOICI ZÉPHYR, LE CÉLÈBRE VENT DE L'OUEST, QUI S'ÉLANCE...
AU SECOURS!
... ET DE SON SOUFFLE PUISSANT, IL...
EH !

OH, EXCUSE-MOI, VIEUX, JE T'AVAIS PAS VU.
TU POURRAIS FAIRE ATTENTION! TU AS FAILLI ME FAIRE TOMBER!
EH, MAIS C'EST LA PETITE PSYCHÉ, MA PAROLE!
PSYCHÉ... ELLE S'APPELLE PSYCHÉ.
MIGNONNE...
DOMMAGE QU'UN MONSTRE DOIVE LA DÉVORER.
COMMENT ÇA, "UN MONSTRE DOIVE LA DÉVORER"?

YOUHOU! ZÉPHYR!
TU NOUS ATTRAPERAS PAS, EUH!
BEN OUI. C'EST L'ORACLE QUI L'A DIT.
DÉSOLÉ, VIEUX...
MAIS ON PEUT PAS LAISSER FAIRE ÇA !!!
JE VIENS JUSTE DE LA RENCONTRER! C'EST PAS POSSIBLE!
JE SAIS BIEN, VIEUX...
...MAIS JE VOIS PAS CE QU'ON POURRAIT...
J'AI UNE IDÉE!
...FAIRE?
BZZ BZZ... PALAIS... BZZ BZZ... MAGIQUE... BZZ BZZ... ENDROIT SECRET... BZZ BZZ...
MMM... JE VOIS
TU SOUFFLES BZZ BZZ
OK
LÀ, MAINTENANT?
BEN OUI, ÉVIDEMMENT
ALORS, ZEPH, TU VIENS OU QUOI?

...AVEC DU BEURRE, ET PUIS DES CORNICHONS, ET PUIS DE LA MOUTARDE, ET PUIS...
KETCHUP?
EH ! MAIS ÇA VA PAS ?!!! QU'EST-CE QU'IL Y A ENCORE ?!!!
UN PEU PLUS À DROITE...
MAIS LAISSEZ-MOI TRANQUILLE À LA FIN!!!
OUI, COMME ÇA... DOUCEMENT... LÀ... TRÈS BIEN.
CE QU'ELLE EST MIGNONNE...
?

BLOÏNG!
TIENS, ÇA TOMBE BIEN, J'AI SUPER SOIF.
J'ESPÈRE QUE C'EST À LA FRAISE, PARCE QUE MOI, J'AIME QUE QUAND C'EST À LA FRAISE, JE VOUS PRÉVIENS!
ÇA VA... UN PEU TROP SUCRÉ, MAIS ÇA VA.
Y A QUELQU'UN?

MAIS RÉPONDEZ, À LA FIN, C'EST ÉNERVANT!
BON BEN J'VOUS PRÉVIENS, MOI J'VAIS ME COUCHER!
DEMAIN EST UN AUTRE JOUR...
RON, PSH... RON, PSH...
RON, PSH...
QUELLE MERVEILLE!

Et lorsque la nuit vint…
AAAAH!!!
CHÉRIE, AMOUR…
T'ES QUI, TOI ?
DÉSOLÉ, JE PEUX PAS TE LE DIRE.
C'EST UN SECRET.
SMACK… SMACK… SMACK…
ET POURQUOI C'EST UN SECRET ?
PARCE QUE C'EST COMME ÇA.
ET SI J'ALLUME LA LUMIÈRE ?
AH BEN NON, SINON TU ME VERRAS.
VOYONS, CHÉRIE…
ET POURQUOI JE TE VERRAIS PAS ?
PARCE QUE SI TU ME VOIS, TU SAURAS QUI JE SUIS, ET JE SERAI OBLIGÉ DE PARTIR ET ON SE VERRA PLUS JAMAIS.
C'EST IDIOT.
TU COMPRENDS ?
C'EST SUPER ÉNERVANT, QUAND MÊME.
BEN OUI
MAIS L'IMPORTANT, C'EST QU'ON S'AIME, NON ?
OUI, OUI, BIEN SÛR.

IL M'A DIT QUE J'AVAIS PAS LE DROIT DE LE VOIR, MAIS SINON C'EST COOL.
AH OUAIS? QU'EST-CE QU'IL DOIT ÊTRE MOCHE!
SI ÇA SE TROUVE, C'EST LUI, LE MONSTRE!
SI J'ÉTAIS TOI, J'ATTENDRAIS QU'IL S'ENDORME, ET PUIS QUAND IL DORMIRAIT, JE...
RON, PSH... RON, PSH...
OH LÀ-LÀ, QU'EST-CE QU'IL EST BEAU!!!
AÏE! OUILLE! AÏE AÏE AÏE!
AH ZUT
JE T'AVAIS PAS DIT QUE T'AVAIS PAS LE DROIT?!!
OUI, JE SAIS... MAIS QUAND MÊME...
CHÉRI...

MAIS PUISQUE JE TE DIS QUE J'AI PRESQUE RIEN VU!
OH NON! PAS ENCORE LE ROCHER!
OUAIS, BEN EN FAIT, C'EST TOI, LE MONSTRE! LE MONSTRE DE CRUAUTÉ!
ET SI ÇA SE TROUVE, IL EST PEUT-ÊTRE PAS SI MOCHE QUE ÇA, LE MONSTRE...
JE VEUX DIRE LE VRAI MONSTRE, CELUI QUI DEVAIT VENIR ME DÉVORER..
QUAND JE PENSE QUE C'EST ÇA QUI FAIT PLEURER MON FILS...

ET QUI C'EST LA VILAINE QUI A PAS OBÉI À MON FIFILS CHÉRI ?
JE LUI... SNIF... AVAIS DIT... SNIF... QU'ELLE... SNIF... AVAIT... SNIF... PAS LE DROIT!!! SNIF...
ET QUI C'EST LA GENTILLE MAMAN QUI VA PUNIR LA VILAINE QUI A FAIT PLEURER SON FIFILS ?
?
MAIS... TU VAS LUI DIRE QUOI ?
T'EN FAIS PAS ! JE M'EN OCCUPE !

TU VAS ALLER ME CHERCHER DE L'EAU DE JOUVENCE AUX ENFERS ! ET TU REVIENS PAS AVANT DE L'AVOIR TROUVÉE !
AUTREMENT DIT : JAMAIS !
C'EST QUOI, ÇA, ENCORE ?
AH LÀ LÀ, J'EN AI ASSEZ ! QU'EST-CE QUE VOUS AVEZ, TOUS ?
STYX
MA PSY-PSY...
PSY-PSY !!!

MA PSY-PSY, JE TE DEMANDE PARDON... REVIENS... JE T'AIME...
TU M'ENTENDS?
MA PSY-PSY... RÉPONDS-MOI...
T'ES OÙ? T'ES OÙ?
ÉROS? J'ENTENDS RIEN! ÇA CAPTE PAS... ALLÔ?... ALLÔ?
EH, C'EST LES ENFERS, ICI, PAS UN CENTRE TÉLÉPHONIQUE!
STYX
SI ÇA SE TROUVE, C'EST À LA FRAISE
EAU DE JOUVEN
J'AIME BIEN AUSSI LA PÊCHE...
FRANCHEMENT? PAS TERRIBLE
GLOU GLOU
PSY... CHÉÉÉÉ!...
ÇA SERAIT. BIEN QU'ELLE LUI RÉPONDE, QUAND MÊME, PARCE QUE ÇA COMMENCE À...
OUAIS

Et puis un beau matin...
C'EST ELLE !!!
JE L'AI TROUVÉE !!!
ENFIN !
J'ARRIVE, MON AMOUR !
?!
STYX
EH, TU TE RÉVEILLES OU QUOI ?
CHÉRIE ?
ELLE A BU TOUT LE FLACON !!!
ELLE SE RÉVEILLERA JAMAIS !

¡AMAS!!
À MOINS QUE...
POURVU QUE ÇA...
JDOÏNG
...MARCHE!
SHLACK!
EH, MAIS QU'EST-CE QUE...
...C'EST QUE CE TRUC, ENCORE?!
ÇA A MARCHÉ! ÇA A MARCHÉ!
SMACK
Et c'est ainsi que Psyché et Eros se retrouvèrent et vécurent heureux pour l'éternité.
MOI, DU MOMENT QUE MON FILS EST HEUREUX, C'EST TOUT CE QUE JE DEMANDE.
MAIS FRANCHEMENT, ENTRE NOUS... ELLE EST PAS SI EXTRORDINAIRE QUE ÇA, SI?
UN PEU... BANALE NON?
MIGNONNE, OUI... MIGNONNE, QUOI...
MAIS PAS...

FLASH
INTERVIEW
D'AILLEURS, TOUTE CETTE SOI-DISANT HISTOIRE D'AMOUR...
ENTRE NOUS...
JE DIS PAS QUE C'EST CONTRE MOI...
MAIS ENTRE NOUS, QUAND ON A UNE MÈRE COMME MOI, C'EST DIFFICILE DE TROUVER... VOUS ME COMPRENEZ
ALORS IL SUFFIT QU'UNE PETITE IDIOTE MONTRE LE BOUT DE SON NEZ... ET HOP!
MAIS ELLE EST TRÈS GENTILLE ! SI, SI, FRANCHEMENT ! TRÈS GENTILLE !
MAIS ENTRE EROS ET MOI, C'EST... COMMENT VOUS DIRE...
OUI ! JE L'AI ÉLEVÉ TOUTE SEULE ! PARFAITEMENT !
LE PÈRE? JE ME SOUVIENS PAS ...
ARÈS? HERMÈS? OUI, PEUT-ÊTRE HERMÈS...
ZEUS?!!
ARRÊTEZ...
VOUS DITES N'IMPORTE QUOI.

III.
LE MARIAGE D'APHRODITE

Héphaïstos, fils de Zeus et d'Héra,
était très laid à sa naissance.

Héra fut très déçue.

QU'EST-CE QUE C'EST QUE ÇA ? C'EST UNE BLAGUE, OU QUOI ?
ÇA?
C'EST VRAI QU'IL EST PAS TERRIBLE.
IL EST PAS JOLI.
J'EN VEUX PAS !
ET SI T'AS QUELQUE CHOSE À DIRE, DIS-LE !!!
ÇA!
EUH... NON NON, CHÉRIE, C'EST TOI QUI DÉCIDES...
LÀ, ELLE M'IMPRESSIONNE, QUAND MÊME...
ELLE A RAISON. IL EST VRAIMENT PAS JOLI.

EH LÀ!
PLOUF!
HEIN?!!
ÇA BOUGE.
FAIS ATTENTION! C'EST PEUT-ÊTRE DANGEREUX!
BL BL BL GBLA?
C'EST QUOI?
OH LÀ LÀ C'EST RIGOLO! ON LE GARDE?

Quelque temps plus tard...
OH, REGARDE!
OOOH... IL FAIT DES TRUCS!
GA... RAGE?
?
VAS-Y FAFA.
Et encore un peu plus tard...
QU'EST-CE QU'Y FAIT ?
DIS À TATA THÉTYS CE QUE TU FAIS, MON FAFA.
GA... TEAU...?
C'EST POUR MON ANNIVERSAIRE
SYMPA.
ET SI ON LUI CONSTRUISAIT UNE PETITE FORGE?
OH OUiii, COMME ÇA Y NOUS FABRIQUERA PLEIN DE TRUCS!

LA TRONCHE D'HÉRA QUAND ELLE VA VOIR ÇA!
BRACELET...
AH OUI...
ÇA!
ET QUI C'EST LE FAFA QUI VA FAIRE PLEIN DE BIJOUX POUR SES TATAS?
ET QUI C'EST LES TATAS QUI VONT À LA SUPER FÊTE SUR L'OLYMPE ET QUI AURONT LES PLUS BEAUX BIJOUX À LEUR FAFA?
OH LALA, T'AS VU LEURS BIJOUX?
SALUT THÉTIS
DINGUE
IL PARAÎT QUE C'EST HÉPHAÏSTOS QUI LEUR A FAITS!
VACHEMENT DOUÉ
TU TE SOUVIENS DE MOI, EURYNOMÉ?
Y RESTE DU NECTAR?
?!!!

MON FILS EST UN GÉNIE!!!
LEQUEL? CELUI QUE TU AVAIS JETÉ?
JE SAIS !!!
ORDRE D'HÉRA
PAS DE DISCUSSION.
ET MON MARTEAU? ET MA FORGE?
PAUV' FAFA!
ET NOUS?

MON FILS !!
QU'EST-CE QU'ON EN FAIT, M'DAME HÉRA ?
POSEZ-LE LÀ !
POURQUOI ELLE LE REPREND ? IL EST MOCHE

MAIS MOI AUSSI J'VAIS TE DONNER UNE FORGE, MON CANARD ! UNE BELLE FORGE, PAS UN TRUC PUANT ET MISÉRABLE ! REGARDE !
HEPHAÏSTOS

VINGT SOUFFLETS ! QUATRE MARTEAUX ! DES TONNES DE PIERRES PRÉCIEUSES ! ET TOUT LE CONFORT MODERNE ! QU'EST-CE QUE TU DIS DE ÇA ?

COURAGE, FAFA
ON EST AVEC TOI
VOUS BRANCHEZ L'SECTEUR SUR LA TROIS, ET VOUS PLOMBEZ LA TURBINE
SEC... TEUR... BRAN... CHÉ...
T'AS FAIT DES TABLES QUI ROULENT TOUTES SEULES ET DES MACHINES QUI PARLENT ? MAIS C'EST SUPER, MON FAFA !
PASSE-LE-MOI ! PASSE-LE-MOI !
TU TRAVAILLES PAS TROP, J'ESPÈRE !
NON, NON, ÇA VA... BON, IL FAUT QUE JE FASSE PAS MAL DE BIJOUX POUR HÉRA, MAIS EN GROS ÇA VA...
TU LES EMBRASSES DE NOTRE PART.
ALERTE... ALERTE... RE-TARD... CINQ... MI...NUTES... SUR... PLA...NNING...

VOILÀ LE COLLIER. ÇA TE PLAÎT? J'Y TRAVAILLE DEPUIS TROIS MOIS.
PAS MAL, MON P'TIT HÉPHAÏSTOS, MAIS J'L'AURAIS VU AVEC PLUS DE DIAMANTS. ENFIN... J'PENSE QU'ON PEUT PAS TROP T'EN DEMANDER... MAIS LA PROCHAINE FOIS, OUBLIE PAS LES DIAMANTS, D'ACCORD?
FAUT QU'IL FASSE ATTENTION, SINON ELLE VA ENCORE LE JETER.
ET LE DIADÈME? JE VAIS AVOIR L'AIR DE QUOI SANS LE DIADÈME? ET J'ESPÈRE QUE T'AS PAS OUBLIÉ QUE C'EST BIENTÔT MON ANNIVERSAIRE!
CROISSANT
AH BEN JUSTEMENT JE SUIS EN TRAIN DE TE PRÉPARER UNE SURPRISE.
AH BON?! C'EST QUOI? C'EST QUOI?
TU VERRAS BIEN. MAIS JE DOIS DIRE QUE J'EN SUIS PAS MÉCONTENT.
JE TE LE METS OÙ?
DONNE! DONNE!

C'EST ÇA TA SURPRISE?
ENTIÈREMENT EN OR ET INCRUSTÉ DE PIERRES PRÉCIEUSES. ÇA TE PLAIT?
C'EST PAS MAL, MAIS TU AURAIS PU FAIRE UN TABOURET POUR LES PIEDS, ÇA SERAIT QUAND MÊME MIEUX.
TU CROIS? OUAIS T'AS P'TÊT RAISON.
BON, JE VAIS ALLER PRÉPARER LA FÊTE. AU FAIT, JE T'AI PAS INVITÉ, Y AVAIT PAS ASSEZ DE NECTAR.
EH! J'PEUX PAS EN SORTIR, DE CE MACHIN!
C'EST FAIT POUR. ALLEZ, CIAO!

SI TU CROIS QUE ÇA VA SE PASSER COMME ÇA !!!
ALLÔ !!! ALLÔ !!!
HÉPHAÏSTO'S
LA LA LA LA LA
CLONG CLONG
QUI... DE... MAN... DEZ... VOUS ?
PASSEZ-MOI HÉPHAÏSTOS !!! C'EST ZEUS !!!
UN : JE VEUX QUE TU ME DEMANDES PARDON. DEUX : JE VEUX QUE TU ME DONNES APHRODITE EN MARIAGE. TROIS : JE VEUX QUE TU NE M'APPELLES PLUS JAMAIS "MON P'TIT HÉPHAÏSTOS".
OUI. D'ACCORD. TOUT. OUI.
IL FAUT QUE TU FASSES QUELQUE CHOSE, LÀ, ELLE VOUDRA JAMAIS. APRÈS TOUT, C'EST TOI LE CHEF DES DIEUX, NON ?
ENFIN, À CE QU'ON DIT...
JE SUIS RAVI QUE TU T'EN SOUVIENNES.
JE VAIS VOIR CE QUE JE PEUX FAIRE.
TAP TAP
MAIS J'ESPÈRE QUE TU T'EN SOUVIENDRAS.
TOUT LE MONDE DOIT LUI OBÉIR, À MON ZEUS ! PARCE QUE C'EST LE PLUS FORT ! ET LE PLUS BEAU ! ET LE PLUS INTELLIGENT !

PRINTEMPS? C'EST MOI. EST-CE QUE TU PEUX ME PASSER APHRODITE, S'IL TE PLAÎT? C'EST ASSEZ URGENT
J'AIME PAS QUAND IL ME GRATTE EN PENSANT À AUTRE CHOSE
DIS-LUI DE ME RAPPELER, JE SUIS OCCUPÉE, LÀ.
J'AI DIT TOUT DE SUITE !!!
HÉPHAÏSTOS ?!! AVEC MOI ?!
IL RÊVE!
QUOI, COMME CADEAU?
NON. LE SERVICE À THÉ ET LA CEINTURE MAGIQUE.
ET OUI, C'EST MON DERNIER MOT.
C'est ainsi qu'Aphrodite, la plus belle des déesses, épousa Héphaïstos, le plus laid de tous les dieux.
JE SUIS P'TÊT' LE PLUS MOCHE, MAIS QUI C'EST QU'A LA PLUS BELLE, HEIN?
MAIS OUI, MON FAFA.
ET NOUS ALORS?
C'EST PAS JUSTE...

Héphaïstos a fini par se réconcilier avec Héra. Mais il préfère travailler sur terre, pas trop près de l'Olympe. Et quand on voit de la fumée sortir d'un volcan, on sait que c'est Héphaïstos qui allume sa forge pour fabriquer des trucs nouveaux et extraordinaires.

OH, VOUS SAVEZ, MOI J'AI JAMAIS ÉTÉ TROP MARIAGE...
FLASH INTERVIEW
MAIS LÀ...
IL ÉTAIT TELLEMENT OBSTINÉ...
TELLEMENT... AMOUREUX...
REMARQUEZ JE LE COMPRENDS.
MAIS ÇA M'A TOUCHÉE. ÇA M'A VRAIMENT TOUCHÉE
ET J'AI CRAQUÉ.
ENTRE LUI ET MOI, IL Y A DES TRUCS VRAIMENT...
TRÈS...
LA CEINTURE? QUELLE CEINTURE?
OH, VOUS PARLEZ DE CETTE CEINTURE-LÀ?
JE NE VOIS PAS LE RAPPORT
MAGIQUE OUI, C'EST CE QU'ON DIT
"SUPPOSÉE" RENDRE TOUS LES HOMMES AMOUREUX QUAND ON LA PORTE, OUI.
MAIS FRANCHEMENT, VOUS CROYEZ QUE J'AI BESOIN D'UNE CEINTURE MAGIQUE POUR...
FRANCHEMENT?

IV.
UN PIÈGE POUR APHRODITE

Aphrodite aimait certes beaucoup
son mari, mais cela ne l'empêchait pas d'avoir
d'autres amoureux...

C'EST L'HEURE D'ALLER AU BOULOT, MON FAFA. Y A HÉLIOS QUI VA PASSER
MMM...
ALLEZ! HUE! DIA
OUI, ON CONNAÎT, MERCI.

ALLEZ ! ON TRAÎNE PAS! ON VA ÊTRE EN RETARD!
IL DIT ÇA À CHAQUE FOIS!
COMME SI ON LE SAVAIT PAS!
QUESTION: EST-CE QUE ÇA NOUS EST DÉJÀ ARRIVÉ?
RÉPONSE : NON. JAMAIS!

BONNE JOURNÉE, MON FAFA
TRAVAILLE BIEN !
À CE SOIR !!
LA LA LA LA MA PETITE CEINTURE LA LA LA LA
ALLÔ ARÈS ?
NON. C'EST ÉRIS. QUI LE DEMANDE ?
OH, ÉRIS ? TU VAS BIEN ?
JE SUIS TELLEMENT CONTENTE DE TOMBER SUR TOI ! IL FAUT ABSOLUMENT QU'ON DÉJEUNE ENSEMBLE UN DE CES QUATRE
EST-CE QUE TU PEUX ME PASSER ARÈS S'IL TE PLAÎT ?
DÉSOLÉE, MAIS JE PEUX PAS LE DÉRANGER
MON FRÈRE A DU TRAVAIL, FIGURE-TOI. C'EST PAS COMME CERTAINES...

AH BON? ET TU ES SÛRE QU'IL VA ÊTRE CONTENT QUAND IL SAURA QUE C'EST MOI ET QUE SA CHÈRE SOEUR A PAS VOULU ME LE PASSER?
ARÈS! C'EST POUR TOI!
C'EST QUI?
Quelque temps plus tard, tandis qu'Hélios poursuit sa course, juste au-dessus de...
PLUS VITE! PLUS VITE!
PLUS...
?!!
STOP!!!
J'AI DIT STOP!!!
FAUDRAIT SAVOIR!
D'ABORD, ON DIT PAS "STOP", ON DIT "HO!"
OUAIS
LE CONTRAIRE DE "HUE"
EXACTEMENT

CLONG CLONG
MON RÈ-RÈS!
MA FRO-FRO!
ET LÀ ON VA PAS DU TOUT ÊTRE EN RETARD, C'EST ÇA?
J'AIMERAIS BIEN QU'ON M'EXPLIQUE
ON ATTEND ET ON BOUGE PAS, OK LES GARS?
CLONG! CLONG!
ET QUI C'EST QUI VA FAIRE UNE SUPER BROYEUSE ÉLECTRONIQUE POUR SA FRO-FRO D'AMOUR? HEIN? QUI C'EST?
OH LÀ LÀ LÀ LÀ!
MON PAUV' VIEUX!
ET QUI C'EST QUI... ?!
C'EST APHRODITE? IL LUI EST ARRIVÉ QUELQUE CHOSE?
PIRE
JE PASSAIS CE MATIN DEVANT CHEZ VOUS COMME D'HABITUDE ET TU SAIS COMME J'AIME PAS ÊTRE EN RETARD PARCE QUE SI JE SUIS EN RETARD, APRÈS...
OUI, OUI, ET?
ET C'EST LÀ QUE... BZZZ... BZZ... APHRODITE... BZZ BZZ BZZ ARÈS... BZZZ BISOU BZZZ BZZ JE TE JURE BZZZ
QUOI?!!
BON, BEN MOI, JE FILE. CIAO, HEPH! ET T'EN FAIS PAS, HEIN?
ON Y VA, LES GARS!

JE VAIS ME VENGER, JE VAIS ME VENGER ! JE VAIS LA RÉPUDIER ! JE VAIS CASSER LA GUEULE DE CE CONNARD D'ARÈS, JE VAIS...
JE SAIS !!!
ÇA VA ÊTRE HORRIBLE !!!
HA HA HA HA HA !
CLONG ! CLONG ! CLONG !
LE... PA... TRON... EST... BI... ZARRE... AU... JOUR... D'HUI...
OUI... IL... EST... VA... CHE... MENT... GAI... C'EST... BI... ZARRE...
C'EST... CE... QUE... JE... VIENS... DE... DIRE...
QU'EST-CE QUE TU FAIS, FAFA ?
LE DÉCONCENTRE PAS.
C'EST DU GÉNIE ! DU GÉNIE !
CLONG ! CLONG ! CLONG !

LA LA LA
LA LA
LA LA LA ?
LA LA
TU T'ES BIEN AMUSÉE, CHÉRIE ?
TOP
TOP !
CHEZ CRACOS, ON CRAQUE !
ET PRINTEMPS, ELLE VA BIEN, PRINTEMPS ?
EUH... AU FAIT, JE VOULAIS TE DIRE... ÇA T'ENNUIE PAS SI JE VAIS QUELQUES JOURS À LEMNOS ?
C'EST POUR LE BOULOT.
MAIS NON, MON CHÉRI, BIEN SÛR...
ÇA VA TE FAIRE DU BIEN.
TU TE SENTIRAS PAS TROP SEULE ?
JE DIRAI À PRINTEMPS DE VENIR ME TENIR COMPAGNIE.
BONNE IDÉE, CHÉRIE.
ET OUBLIE PAS DE L'EMBRASSER DE MA PART.
ÉVIDEMMENT.
BON VOYAGE, MON FAFA. JE PENSERAI À TOI !
C'EST ÇA, OUI.
ALLÔ ? MON RÈ-RÈS ? TU FAIS QUELQUE CHOSE, LÀ ?

Quelque temps plus tard...
MON RÈ-RÈS!
MA FRO-FRO!
BOING!
???!!!
MAIS FAIS QUELQUE CHOSE!
JE VOUDRAIS BIEN!!
ALORS, LES AMOUREUX, ON S'ÉCLATE?
FAFA! TU PEUX PAS ME FAIRE ÇA! MON FAFA!
TU VAS VOIR TA GUEULE QUAND JE VAIS SORTIR!
MON FAFA...
HERMÈS? TU VEUX VOIR DE TES YEUX LE GÉNIE PUR?
PRÉVIENS LES AUTRES, JE VEUX QU'ILS VOIENT ÇA!!!

ÇA VA, APO ? ÇA MARCHE, LA MUSIQUE ?
DUR, MEC. Y A PLUS DE PUBLIC, J'TE DIS
ATTENDEZ-MOI ! J'ARRIVE !
AH, SALUT, HADÈS
ÇA VA COMME TU VEUX, EN ENFER ?
C'EST LÀ.
OH, TU SAIS COMMENT C'EST, Y A DES JOURS AVEC, ET DES JOURS SANS

ARRÊTEZ DE ME REGARDER, BANDE DE...
SALAUDS ! JE VOUS TUERAI TOUS !!!
J'AI RATÉ QUELQUE CHOSE ?
ET TOUCHE PAS À MA CEINTURE, TOI !
ON PEUT PLUS FAIRE CONFIANCE À PERSONNE...
QUELLE ÉPOQUE !
TU PRENDRAIS BIEN LA PLACE D'ARÈS, HEIN, HERMÈS ?
JDOING
JDOING
JE PEUX T'EN FAIRE UN POUR PERSÉPHONE, SI TU VEUX. C'EST TOUT SIMPLE : 400 GRAMMES DE LAITON, 200 GRAMMES D'AIRAIN... SOLIDITÉ GARANTIE, MON VIEUX !

HEPH' M'A DIT QU'IL VEUT DIVORCER, MAIS ZEUS VEUT QU'IL REMBOURSE LES CADEAUX DE MARIAGE.
ÇA VA CHERCHER DANS LES COMBIEN?
JDOING
JDOING
?
QU'EST-CE QUE VOUS DITES? QU'EST-CE QUE VOUS DITES?
ÇA ME FEND LE COEUR DE TE VOIR TRAVERSER ÇA, MON VIEUX MAIS SI JE PEUX T'AIDER, HÉSITE PAS. JE TE LA RACHÈTE, SI TU VEUX... ET JE PRENDS À MA CHARGE LES CADEAUX DE MARIAGE...
JE TE REMERCIE, POSÉIDON, ÇA ME TOUCHE BEAUCOUP. MAIS IL Y A DES TRUCS TRÈS FORTS ENTRE APHRODITE ET MOI. JE CROIS QU'ON VA ÊTRE CAPABLES DE DÉPASSER ÇA.
OUI, OUI JE COMPRENDS...
ON S'APPELLE?
AH NON, TROP GALÈRE!
MAIS SI JAMAIS...
JE T'AI DIT QUE ÇA M'INTÉRESSAIT PAS!

ALLEZ, PLUS VITE BANDE DE FEIGNANTS! VOUS CROYEZ QUE LA JOURNÉE VA SE CONTINUER TOUTE SEULE ?!!
...DIT CELUI QUI PREND N'IMPORTE QUEL PRÉTEXTE POUR S'ARRÊTER
ON CROIT RÊVER!
ALLEZ! ALLEZ!
D'AILLEURS, À CE PROPOS, JE VOULAIS TE PARLER D'UN TRUC...
TU TROUVES PAS QUE C'ÉTAIT PAS TRÈS SYMPA DE LA PART D'HÉLIOS DE CAFTER À HÉPHAÏSTOS ?
AH OUI ! JE VOULAIS T'EN PARLER, MOI AUSSI ! T'ES D'ACCORD ?
BEN OUI
AH!!!
POSÉ ? C'EST MOI... T'ÉTAIS SÉRIEUX QUAND T'AS PROPOSÉ À FAFA DE ME RACHETER ?...
EH, LA JOURNÉE, ELLE EST PAS FINIE, LÀ ?
BEN SI.
TU FAIS QUELQUE CHOSE, PLUS TARD ?
COMME QUOI ?
fin de l'épisode

V.
CORÉ ET HADÈS

Coré était la fille de Déméter,
la déesse de l'Agriculture et sœur de Zeus.
C'était donc la cousine d'Aphrodite.

Sa mère s'inquiétait toujours pour elle.

Un jour, Coré étant partie se promener,
elle ne rentra pas chez sa mère qui devint folle d'inquiétude.

HESTIA ? C'EST DÉMÉTER
ÇA VA ? T'AS PAS L'AIR DANS TON ASSIETTE...
NON... C'EST CORÉ... IL EST MINUIT, ET ELLE EST PAS RENTRÉE... JE DEVIENS FOLLE...
TIC TAC, TIC TAC
T'AS APPELÉ LES HÔPITAUX ?
CORÉ ! MA CHÉRIE ! REVIENS ! C'EST MAMAN ! JE T'EN SUPPLIE, RÉPONDS-MOI !
?
CORÉÉÉ...
PAS LA PEINE DE HURLER ! T'AS QU'À DEMANDER À HÉLIOS...
?!
C'EST ARTÉMIS QUI L'A DIT À CALLISTO, ET CALLISTO L'A DIT À BRONTÈS, ET BRONTÈS ME L'A DIT, QU'HÉLIOS IL A VU CORÉ, VOILÀ.

ALORS!?!
TAP TAP
TIC TAC, TIC TAC
AH, QUAND MÊME!!!
TIC TAC
TIC TAC
HÉLIOS!!!...
?
VIENS ICI TOUT DE SUITE!
J'AI PAS TROP LE TEMPS, LÀ, DÉMÉTER
SI TU VIENS PAS IMMÉDIATEMENT, TU VAS VOIR UN PEU CE QUI VA T'ARRIVER!
J'ARRIVE, MAIS JE TE PRÉVIENS, J'AI PAS LE TEMPS DE...
ALORS, ON S'ARRÊTE OU ON S'ARRÊTE PAS?
FAUDRAIT SAVOIR!

TU VAS ME LE DIRE, CE QUE T'AS VU? TU VAS ME LE DIRE?!!
ALLEZ, DIS-LUI, QU'ON EN FINISSE.
OK, OK, J'TE L'DIS MAIS TU DIS PAS QUE C'EST MOI QUI TE L'AI DIT!
BEN VOILÀ: JE FAISAIS MON PETIT TOUR COMME D'HABITUDE, QUAND TOUT À COUP...
TIENS, C'EST LA FILLE À DÉMÉTER! MIGNONNE, CETTE PETITE...
EH, DOUCEMENT, LES GARS Y A PAS L'FEU!
JE CROYAIS QU'ON ÉTAIT PRESSÉS
FAUDRAIT SAVOIR
EH! Y EN A PLEIN, LÀ!
QU'EST-CE QUE TU DIS?

HOULÀ !
HAHA !
ARAAAH !?!?
QU'EST-CE QUE TU DIS ? J'ENTENDS PAS !
JE TE TIENS, PETITE COQUINE !
BEN JE LA VOIS PAS. OÙ ELLE EST PASSÉE ?
CORÉ ? YOU HOU ! CORÉ ?!!!
ARAAH !
BON, LES GARS, ON Y VA, LÀ...
- ET ON TRAÎNE PAS !
COMPRIS, PATRON !
"PATRON" ?
C'ÉTAIT HADÈS. IL VEUT SE MARIER AVEC ELLE, JE CROIS
TU PEUX ME LÂCHER LE CHAR, MAINTENANT
HADÈS ?!!
IL L'A EMMENÉE CHEZ LUI ?!! EN ENFER ?!!
OH, LE FUMIER ! LE FUMIER !

TU VAS DIRE À HADÈS, DE ME RENDRE MA FILLE, T'AS COMPRIS ?!!
HÉ ! HO ! DÉMÉTER ! HO !
COMMENT TU AS PU LAISSER FAIRE ÇA ?! COMMENT TU AS PU ?!
JE LUI AI PAS DIT OUI, MAIS JE LUI AI PAS DIT NON. VOUS M'EMBÊTEZ AVEC VOS HISTOIRES. SI TU CONTINUES, JE VAIS TE DONNER UN COUP DE FOUDRE, JE TE PRÉVIENS !

ÉCOUTE, HADÈS, ÇA VA TRÈS MAL, LÀ. IL FAUT QU'ON PARLE
MAIS TU M'AVAIS PERMIS !!!
OUI. MAIS JE POUVAIS PAS PRÉVOIR QUE DÉMÉTER ALLAIT RÉAGIR COMME ÇA.
TU SAIS CE QUE JE LUI DIS À DÉMÉTER ?!!!
AH NON, C'EST PAS LE MOMENT !
IL EST VRAIMENT EMBÊTÉ, LÀ. IL FAUT QU'ELLE ARRÊTE, DÉMÉTER
AU FAIT, JE VOULAIS TE DEMANDER : C'EST NORMAL QU'ELLE VEUILLE RIEN MANGER ET RIEN BOIRE OU JE DOIS M'INQUIÉTER ?
T'ES VRAIMENT BOUCHÉ OU QUOI ?!!! SI ELLE VEUT PAS MANGER ET PAS BOIRE, C'EST QU'ELLE EST PAS CONTENTE !!!
TU VAS ME FAIRE LE PLAISIR DE LA RENDRE TOUT DE SUITE À SA MÈRE, T'AS COMPRIS ?!!
JE L'ADORE QUAND IL SE MET EN COLÈRE, MON ZEUS À MOI !
OKAY, OKAY. MAIS JE TE RAPPELLE QUE SI ELLE MANGE UN TRUC, UN SEUL, ELLE SERA OBLIGÉE DE RESTER !
ET JE LA REPRENDS !

TOUCHANT
MAMAN !!!
MON BÉBÉ !
J'AI RIEN MANGÉ !
EH ! C'EST MÊME PAS VRAI ! J'VOUS AI VUE MANGER UNE GRENADE L'AUTRE JOUR !
AH, VOILÀ !
C'EST PAS GAGNÉ
MÊME QU'ON S'EST DIT QUE VOUS AVIEZ L'AIR DE LA TROUVER VACHEMENT BONNE, CETTE GRENADE !
C'EST VRAI, CE QU'IL DIT, FIFILLE ?
J'AI MANGÉ QUE SEPT GRAINS, JE CROYAIS PAS QU'ÇA COMPTAIT.
AÏE
J'AI P'TÊT GAFFÉ, LÀ...
HAHA !
MAMAN !!!
MON BÉBÉ !

JE VOUS AVAIS PRÉVENUS.
QUE QUELQU'UN FASSE QUELQUE CHOSE, À LA FIN! C'EST PLUS POSSIBLE!
ÇA COMMENCE À BIEN FAIRE, VOUS DEUX! VOUS ALLEZ VENIR ICI IMMÉDIATEMENT! COMPRIS ?!!!
TOI TU VAS GARDER LA FILLE TROIS MOIS SOUS TERRE!
ET TOI TU L'AURAS PENDANT NEUF MOIS!
3+9=12, OUI C'EST BIEN ÇA.
TROIS MOIS D'ENFER...
ET POURQUOI QUE TROIS MOIS ?!!
PARCE QUE C'EST COMME ÇA!
SI TU CONTINUES, J'T'EN COLLE UNE!
TELLEMENT BEAU!
HYSTÉRO!
MANIAQUE!

ETS' IL EST DÉSAGRÉABLE AVEC TOI, CE PORC, TU M'APPELLES, HEIN, MA CHÉRIE, TU ME LE PROMETS, HEIN?
MAIS OUI, M'MAN, T'EN FAIS PAS, C'EST JUSTE TROIS MOIS!
MAIS JE FERAI RIEN POUSSER TANT QUE TU ES PAS LÀ, MA CHÉRIE. ÇA LEUR APPRENDRA.
COOL
Et c'est depuis ce temps-là que pendant l'hiver, rien ne pousse sur terre, et qu'après l'hiver, arrive le printemps!
TRÈS JOLI, M'MAN
CUI CUI
ET PUIS LÀ, TU VOIS, J'AI PLANTÉ UN ROSIER. ET LÀ, Y A DES NOUVELLES TULIPES. ÇA TE PLAÎT?
CUI CUI
Y A PAS DE GRENADES?
ENFIN UN PEU DE SALADE!
C'EST PAS TROP TÔT!
AU FAIT, ON M'APPELLE "PERSÉPHONE", VU QUE JE SUIS MARIÉE, ET TOUT. ET QUE JE SUIS LA REINE DES ENFERS
BIEN SÛR, MA CHÉRIE, JE COMPRENDS.
MAIS JE POURRAI QUAND MÊME T'APPELER "MON BÉBÉ", DE TEMPS EN TEMPS?
fin de l'épisode

J'AI JAMAIS TROP COMPRIS POURQUOI ELLE LES AVAIT MANGÉS, CES GRAINS DE GRENADE...
À MOINS QU'EN FAIT, TOUT AU FOND D'ELLE-MÊME ...
ELLE AVAIT ENVIE D'ÊTRE REINE DES ENFERS...
FLASH
DONC FINALEMENT ELLE A EU CE QU'ELLE VOULAIT.
TOUT EN SE PLAIGNANT, ÉVIDEMMENT. "HADÈS IL A FAIT CI", "HADÈS IL A FAIT ÇA", ETC ETC... "LA VIE AUX ENFERS, TU TE RENDS PAS COMPTE, C'EST L'ENFER", ETC. ETC.!
FAUT PAS EXAGÉRER.
EST-CE QUE JE ME PLAINS, MOI?
BEN NON. AB-SO-LU-MENT PAS.
IL REVIENT QUAND, HÉPHAÏSTOS?
JE PEUX SORTIR?
JUSTE UNE MINUTE?

VI.
LA REINE DES ENFERS

Coré, devenue reine des Enfers,
fut appelée « Perséphone » Elle s'ennuyait
un peu, Cerbère veillant à ses côtés.

ENCORE DEUX MOIS, SEPT JOURS ET QUATRE HEURES, ET SIX MINUTES SI JE COMPTE LE VOYAGE...
...JE SAIS PAS COMMENT JE VAIS TENIR
ZZZ
ZZZ
ZZZ
Lorsqu'un beau matin...
DRING!!!
HEIN?
OÙ ÇA?
QUOI?
QUI?!
COMMENT?!
POURQUOI?
ALERTE!
ALLÔ? MA CORÉ?
OUI...?
POURQUOI ELLE SE CROIT OBLIGÉE DE METTRE DES FLEURS PARTOUT?
ENNEMI?
GRRR
JE T'ÉCOUTE
ATTAQUE?
INCENDIE?
DANGER!
OUAF
OUAF
ARGNNN...
JE ME DEMANDAIS... EST-CE QUE TU POURRAIS ME RENDRE UN PETIT SERVICE...?

QUOI, COMME SERVICE ?
C'EST RIEN, MON CÉCÉ, C'EST JUSTE APHRODITE
QU'EST-CE QUE TU DIS ?
RIEN RIEN, JE PARLAIS AU CHIEN.
CHIEN ?
TAP TAP TAP
TRANQUILLE
COUCHÉ
BON, JE T'EXPLIQUE : JE SUIS EN TRAIN DE RANGER CHEZ MOI, ET JE SUIS TOMBÉE SUR DES VIEUX TRUCS... FAFA VOUDRAIT QUE JE LES JETTE, MAIS MOI J'Y TIENS, ALORS JE ME SUIS DIT QUE TU POURRAIS PEUT-ÊTRE ME LES GARDER JUSQU'À CE QUE JE TROUVE UNE SOLUTION...
PASSIONNANT...
ET Y EN A BEAUCOUP, DE TES TRUCS ? PARCE QUE J'AI PAS TELLEMENT DE...
NON, NON ! C'EST JUSTE UN PETIT CARTON DE RIEN DU TOUT ! TU LE METS DANS UN COIN ET TU L'OUBLIES... T'AS MÊME PAS BESOIN DE L'OUVRIR !
S'IL TE PLAÎ-AÎ-AÎT... MA CORÉ D'AMOUR
OK, OK...
GÉNIAL ! T'ES LA MEILLEURE !
C'EST ÇA

STYX
HAUT
FRAGILE
BAS
DES COLIS, MAINTENANT. POURQUOI PAS DES FLEURS OU DES REPAS TOUT PRÊTS ?
AAAH
CHAMPS ÉLYSÉES
TARTARE
ASPHODÈLES
YEAH!!!
AÏE
OUILLE !
NOOOON!
PAS ÇA!
ARRIVÉE
ALLEZ CÉCÉ, ON VA DIRE BONJOUR À CHARON.
C'EST QUOI ? J'AI RIEN COMMANDÉ
ARRIVÉE
GRRR
OUAF
GRRR
HAUT
FRAGILE
C'EST POUR M'DAME PERSÉPHONE DE LA PART DE M'DAME APHRODITE. FAUDRAIT LEUR DIRE, JE FAIS PAS LIVREUR, NORMALEMENT.
ÇA SUFFIT, CÉCÉ

ON VOUS L'MET OÙ, M'DAME PERSÉPHONE ?
OH, MERCI... POSEZ-LE LÀ, ÇA IRA... MERCI...
HAUT
C'EST VACHEMENT LOURD
ARRÊTE, CÉCÉ ! VILAIN CÉCÉ !
SNIF
SNIF
SNIF
AH LÀ LÀ, ELLE M'ÉNERVE, FRO-FRO. COMME SI ELLE POUVAIT PAS GARDER ÇA CHEZ ELLE !
C'EST L'ENFER, ICI, C'EST PAS UN DEPÔT-VENTE !
EN PLUS, C'EST DES TRUCS DANGEREUX, SI ÇA SE TROUVE
ÇA M'ÉTONNERAIT PAS D'ELLE
HEIN ?!!!
C'ÉTAIT QUOI, CE TRUC MOUILLÉ, LÀ ?
HAUT
FRAGILE

Pendant ce temps-là, chez Aphrodite...
MA CORÉ CHÉRIE? C'EST MOI .. TA FRO-FRO...
EUH.. OUI..?
ÇA YEST, FAFA S'EST CALMÉ, TU PEUX ME RENVOYER MES TRUCS
QUELS TRUCS?
TU L'AS OUVERT!!! JE SUIS SÛRE QUE TU L'AS OUVERT!!?!
TU VAS ME LE RENDRE TOUT DE SUITE!
T'AS COMPRIS?!!
Et en Enfer...
RENDRE QUOI ? MAIS DE QUOI TU PARLES, ENFIN, MA FRO-FRO ?
MÉFIANCE
GARDER À L'OEIL
ATTENTION
FRA
BAS

ELLE SAVAIT QU'ELLE DEVAIT ME LE RENDRE ! ET MAINTENANT ELLE VEUT PAS !
ET GNA GNA GNA, ET GNA GNA GNA...
MAIS CET... ADONIS, LÀ... IL EST VRAIMENT SI BEAU QUE ÇA ?
MOINS BEAU QUE TOI, MON ZEUS, ÉVIDEMMENT...
TE LAISSE PAS FAIRE, ZEUS, TE LAISSE PAS FAIRE !
MAIS IL EST À MOI !!! ELLE A PAS LE DROIT !
BIEN SÛR, MA FRO-FRO, JE COMPRENDS... JE VAIS VOIR CE QUE JE PEUX FAIRE... CALME-TOI...
AS DE PIQUE ! J'AI GAGNÉ ! AAHA HA
ZUT ! JE TE DOIS TROIS CHIPS ! HAHA HA !
CHIPS ?!!
DRING !!!

C'EST QUI?
OH ZUT, C'EST ZEUS!
ALLÔ?
QU'EST-CE QU'IL VEUT?
OUI, OUI, ZEUS, BIEN SÛR, ZEUS
IL A DIT: 4 MOIS AVEC MOI, 4 MOIS AVEC ELLE, ET 4 MOIS TOUT SEUL POUR TE REPOSER.
AH COOL... C'EST À TOI...
Quelque temps plus tard...
T'IMAGINES? HUIT MOIS SANS SE VOIR?
OH, T'EN FAIS PAS, ÇA VA PASSER TRÈS VITE...
JE PEUX PRENDRE DES CHIPS POUR LE VOYAGE?
HAUT
FRAGILE
BAS
CHIPS?!!!
STYX
EH, JE PEUX AVOIR QUELQUE CHOSE À BOIRE? ÇA DONNE VACHEMENT SOIF, LES CHIPS
DÉSOLÉ, ON FAIT PAS LES BOISSONS
HAUT
FRAGILE
SORTIE

Un peu plus tard, chez Aphrodite...
ON VOUS LE MET OÙ, M'DAME APHRODITE ?
C'EST PAS LÉGER LÉGER...
VITE ! VITE !
HAUT
FRAGILE
BAS
CRUNCH, CRUNCH
POSEZ-LE LÀ !
VOUS VOULEZ QU'ON VOUS LE DÉBALLE ?
CRUNCH
NON !!!
OK, OK, C'EST VOUS QUI DÉCIDEZ.
MON ADONIS !
MA FRO... FRO...
J'AI UN PETIT PEU MAL AU CŒUR, JE CROIS QUE J'AI MANGÉ TROP DE CHIPS
AH, SUPER ! ÇA DOIT ÊTRE LA PERCEUSE QUE J'AI COMMANDÉE !
EUH... NON NON PAS DU TOUT ! C'EST DES VIEILLES ROBES QUE CORÉ M'ENVOIE PARCE QU'ELLE EN VOULAIT PLUS !
AH BEN MERCI, C'EST AGRÉABLE !

Beaucoup plus tard, en Enfer...
C'EST PAS DU TOUT CE QU'ON AVAIT DIT !
ÇA FAIT AU MOINS HUIT MOIS QU'ELLE L'A !!!
ET EN PLUS, ELLE VA EN VACANCES AVEC LUI AU MONT LIBAN !
SAUVE QUI PEUT !
AUX ABRIS !
PAS BOUGER !
JE SAIS BIEN, MA PETITE CORÉ, JE SAIS BIEN... MAIS QU'EST-CE QUE TU VEUX QUE JE TE...
TU DIS RIEN PARCE QUE C'EST TA CHOUCHOUTE ! UN PETIT COUP DE CEINTURE MAGIQUE, ET TOUT LE MONDE FAIT CE QU'ELLE VEUT !
ELLE EST AU MONT LIBAN ?
MAIS PAS DU TOUT... JE VOIS PAS CE QUE TU INSINUES... JE T'ASSURE QUE...
FAUT QUE TU LEUR DISES D'ARRÊTER DE T'EMBÊTER, MON ZEUS, C'EST MAUVAIS POUR TOI, TOUTE CETTE AGITATION
EH BEN, JE VAIS ME DÉBROUILLER TOUTE SEULE, VOUS ALLEZ VOIR !!!

ALLÔ, ARÈS ? C'EST CORÉ... OUI, JE SAIS QUE TU VAS CHASSER...
CHASSER ?!!
... MAIS EN FAIT, JE VOULAIS PARLER À APHRODITE... TU PEUX ME LA PASSER, S'TE PLAÎT ?
APHRODITE ?
BEN, ELLE EST PAS LÀ, APHRODITE !
AH BON ?!!! ELLE EST PAS AVEC TOI DANS SON CHALET DU MONT LIBAN ?
LE MONT LIBAN ? BEN, JE SUIS PAS AU MONT LIBAN !
AH ZUT, EXCUSE-MOI, J'AI DÛ MAL COMPRENDRE. JE CROYAIS QU'ELLE Y ÉTAIT ALLÉE AVEC TOI ! ELLE AVAIT L'AIR TELLEMENT CONTENTE !
TANT PIS. SALUT !
ÇA DOIT ÊTRE AVEC QUELQU'UN D'AUTRE, ALORS...
?

SI ELLE CROIT QUE ÇA VA SE PASSER COMME ÇA...
MONT LIBAN
ET EN PLUS, Y A DE LA NEIGE.
SPLASH
TU ME PASSES UN LOUKOUM, CHÉRIE? HAHAHA.
BIEN SÛR, CHÉRI, ENCORE UN PEU DE NECTAR? HIHI.
JE PEUX SORTIR DU CARTON, MAINTENANT?
OH, ATTENDS ENCORE UN PEU... C'EST TELLEMENT SEXY, TU TROUVES PAS?
Y EN A QUI S'EMBÊTENT PAS...
FRAGILE
BAS

BON, MOI JE VAIS JUSTE CHASSER UN PEU... BISOUS !
REVIENS VITE MON AMOUR, TU ME MANQUES DÉJÀ. SMACK !
AU FAIT, ELLES TE VONT SUPER BIEN, MES BOTTES.
AH, Y EN A UN LÀ, J'VAIS PAS LE LOUPER
AU SECOURS !
ALORS COMME ÇA TU VEUX CHASSER ?
EH BEN TU VAS VOIR !!!
POF !
POF !
POF !
EH, TU FERAIS MIEUX DE REGARDER...
HA HA !!
?
... DERRIÈRE TOI !
TAGADA TAGADA
POUR UNE FOIS QUE C'EST PAS NOUS !

Encore un peu plus tard, chez Coré...
PAS TROP CHAUDE, ÇA SOUPE, HEIN?
REGARDEZ-MOI ÇA DANS QUEL ÉTAT ELLE ME LE REND!
BOBO
AÏE OUÏLLE
CHOUCHOUTER
ET POURQUOI T'Y ES RESTÉ? HEIN? POURQUOI?!
BEN C'EST PAS DE MA FAUTE, ELLE METTAIT TOUT LE TEMPS SA CEINTURE... ALORS... ELLE EST À QUOI, LA SOUPE?
SOUSOUPE?
JE LE SAVAIS! JE LE SAVAIS!
Y A PAS DE LOUKOUMS?
LA GARCE!!!
LOUKOUMS?
CETTE TRICHEUSE, AVEC SA CEINTURE!!!
EUH... FIFTY-FIFTY? ÇA VOUS IRAIT?
COMME SI J'AVAIS BESOIN DE ÇA...
ET SI TU VEUX L'ADRESSE DE MON COIFFEUR, JE ME FERAI UN PLAISIR...
ALORS, CETTE SOUPE, ELLE VIENT? ÇA FAIT UNE HEURE QUE J'ATTENDS!
fin de l'épisode

AH LÀLÀ, TOUTES CES HISTOIRES, ÇA ME FATIIIIIIIIGUE !
J'AI PRESQUE MAL À LA TÊTE RIEN QUE D'Y PENSER...

HEUREUSEMENT QU'IL Y EN A QUI SE POSENT PAS LA QUESTION. ILS M'ADORENT. POINT.

VII.
PYGMALION

Pygmalion était un sculpteur qui vivait à Paphos,
sur l'île de Chypre. Il était amoureux d'Aphrodite
et rêvait de faire une statue aussi belle que sa déesse.

ALLEZ! PLUS VITE! PLUS VITE!
COMME SI ON N'ÉTAIT PAS DÉJÀ À FOND
OUAIS
AH ZUT ON EST EN AVANCE!
CHYPRE, 5 MINUTES D'ARRÊT!
HEIN?!!
C'EST NOUVEAU, ÇA!

EH, MAIS C'EST PAS LES PETITES PROPŒTIDES, LÀ ? TOUJOURS À FAIRE LES FOFOLLES, ON DIRAIT... PETITES COQUINES...
ET QUI EST-CE QUI TRAÎNE, LÀ ?
UN COUP FAUT FONCER, UN COUP FAUT S'ARRÊTER... AH JE VOUS JURE...
CLONK CLONK CLONK
PYGMALION ATELIER DE SCULPTURE ← ENTRÉE LIBRE
C'EST LÀ
HIC
HA HA HA
HA HA HA
PAPHOS
ALLEZ, PYG', VIENS FAIRE LA FÊTE, QUOI !
VOUS ALLEZ PAS UN PEU VOUS CALMER NON ? Y'EN A QUI TRAVAILLENT !
C'EST LÀ
ELLE VA PAS S'ENVOLER, TA STATUE
BANDE DE VAURIENNES !
HI HI HI PFFF...

EH, PYG! TU VEUX PAS ME SCULPTER? JE PEUX ME METTRE TOUTE NUE, SI TU VEUX! HAHA HA
PFFF HIHI HI
CLONK! CLONK!
Y A PAS QU'APHRODITE DANS LA VIE!
QUELLE HONTE!
CLONK, CLONK
SI SEULEMENT JE POUVAIS ME RAPROCHER DE TA BEAUTÉ, MA DÉESSE!
MAIS J'Y ARRIVERAI JAMAIS! JAMAIS!
ET DE TOUTE FAÇON, TU SAIS QUOI? ELLE EXISTE MÊME PAS, TON APHRODITE!
CLONK CLONK CLONK
ARRÊTE, J'EN PEUX PLUS HAHAHAHA
?!!!

HUE! DIA! ET QUE ÇA SAUTE!
FAUDRAIT SAVOIR
ON EST VRAIMENT TRAITÉS COMME DES MOINS QUE RIENS!
APHRODITE! APHRODITE! FAUT QUE JE TE DISE! C'EST AFFREUX! C'EST ABOMINABLE! TU VAS JAMAIS LE CROIRE!
QUOI? QU'EST-CE QU'IL Y A? CALME-TOI, HÉLIOS, MON CHOU
ÇA PEUT PAS ATTENDRE? J'AI PAS TOUTE LA JOURNÉE, MOI...
C'EST LES PROPO... LES PROPO.. POE...
RESPIRE

PROPŒTIDES !
ELLES... ELLES ONT DIT QUE TU EXISTAIS PAS !
COMMENT ÇA ?
FAUT VOIR LE CONTEXTE... PEUT-ÊTRE QUE C'EST MOINS GRAVE QUE...
AH PARCE QUE POUR TOI C'EST PAS GRAVE, C'EST ÇA ?
NON NON, C'EST PAS CE QUE...
JE VOUDRAIS BIEN T'Y VOIR, MOI, SI ON DISAIT HERMÈS ? AH NON, IL EXISTE PAS !
MAIS JE VOULAIS JUSTE DIRE QUE...
PARCE QUE LES DIEUX, EUX, ILS EXISTENT, HEIN ? PERSONNE OSERAIT DIRE QU'ILS EXISTENT PAS, EUX !!!
TOUT ÇA PARCE QUE JE SUIS UNE DÉESSE !

OUI, C'EST ÇA ! VA T'OCCUPER DE TES MALADES ET DE TES VOYAGEURS, PUISQUE C'EST SI IMPORTANT !
MAIS NON, FROFRO, C'EST PAS DU TOUT...
OÙ TU AS DIT QU'ELLES ÉTAIENT, CES IDIOTES DE PROPŒTIDES ?
EUH... CHYPRE... OUI C'EST ÇA... TU VAS VERS LE MONT LIBAN, ET PUIS JUSTE AVANT TU TOURNES À GAUCHE, PUIS APRÈS...
JE SAIS OÙ EST CHYPRE, MERCI !
BON ALLEZ ON Y VA, LES ENFANTS. MAIS TRANQUILLE, HEIN...
?!
NOUVEAU STYLE ?

APHRODITE, ELLE EXISTE PAS, EUH ! ET PYG' IL EST NUL, EUH ! ET MÊME QUE SES SCULPTURES, ELLES SONT NULLES, EUH !
CLONK CLONK
PAPHOS
HIC
ALORS COMME ÇA, J'EXISTE PAS, HEIN ?
C'EST QUI, CELLE-LÀ ?
Hic ?
ET BEN, À PARTIR DE MAINTENANT...
?!!!!!
...QUAND VOUS PARLEREZ, VOUS DIREZ QUE DES GROS MOTS ET PERSONNE VOUS SUPPORTERA ! ÇA VOUS APPRENDRA !

PIPI CACA PROUT !
ZIZI ?
CROTTE, PUE-PUE ?
PANPAN CUCUL CROTTES DE NEZ !
IL SE PASSE QUOI, LÀ ?
CACA ZUT PIPI
ÇA S'ARRANGE PAS…
J'EN ÉTAIS OÙ DÉJÀ ?
AH OUI !
JE SUIS PAS MÉCONTENT DU GROS ORTEIL GAUCHE…
MAIS IL FAUT PEUT-ÊTRE ENLEVER UN PEU DE…
CLONK
OH NON !!!
J'Y ARRIVERAI JAMAIS !!!
?
JAMAIS !!! BOUHOUHOU !!!
ZIZI

APHRODIIIIITE!
MA DÉEEEEESSE!
JE T'EN SUPLIIIIIE!!!
FAIS QUE MA STATUE TE RE-SNIF-SSEMBLE!!!
AU MOINS UN TOUT PETIT PEU! SNIF
APHRO... DITE MON AMOUR... RON PSHH RONPSHH...
PAS TRÈS DOUÉ, MAIS BON...
ÇA MÉRITE UN PETIT CADEAU...

MOI, APHRODITE, DÉESSE DE LA BEAUTÉ ET DE L'AMOUR, JE VEUX QUE
?
QU'EST-CE QU'ELLE ME VEUT, CELLE-LÀ ?
et le matin suivant...
COUCOU... MON PETIT PYGMALION...
PYG-PYG ?
?
TU DIS PAS BONJOUR...
À TA PETITE FEMME ?
?!!
APHRO... APHROPHRO... APHRODITE ?!!
PLUS VITE! PLUS VITE!
RHOLALA
PAS TOUT À FAIT, MAIS PRESQUE... MOI, C'EST GALATHÉE, CADEAU D'APHRODITE. TU PEUX M'APPELER GAGA

C'EST GÉNIAL ! TU ES AUSSI BELLE QU'APHRODITE !
OUI... ENFIN, PRESQUE...
ET C'EST MOI QUI AI FAIT ÇA ! MOI !!!
EUH...
C'EST QUAND MÊME APHRODITE QUI...
COMMENCE À M'ÉNERVER UN PEU, LUI...
MA CRÉATURE ! TU ES À MOI !
EUH, À PROPOS DE ÇA, IL FAUDRAIT...
OUI, J'ALLAIS DIRE...
JE SUIS UN GÉNIE !
EUH, PYG...

C'est ainsi que Pygmalion réalisa son rêve. Sa statue était (presque) aussi belle que sa Déesse adorée, et en plus elle était réelle et il pouvait se marier avec elle.
T'ES SÛR QUE ÇA ME VA, CE BLEU ?
CROIS-MOI, CHÉRIE, JE SAIS CE QUI EST BON POUR TOI. N'OUBLIE PAS QUE C'EST MOI QUI T'AI FAITE
PIPI CACA
CROTTE DE NEZ
HIC
TROP DRÔLES
CLIC!
HAHAHA QU'EST-CE QU'ELLES SONT MOCHES.
Quant aux Propœtides, Aphrodite les changea en statues et elles furent donc figées pour l'éternité.

Les déesses n'étaient pas tendres
envers les humaines qui leur faisaient
affront. Mais...

Il arrivait parfois que les déesses
se disputent entre elles...

VIII.
LE JUGEMENT DE PÂRIS
(et la guerre de Troie)

Ou plutôt, tout commença avec Éris, la déesse de la Discorde, et sœur d'Arès...
TU VAS OÙ, SI JE PEUX ME PERMETTRE?
SHMURF le nectar qui fait SHMURF!
OLYMPE NEWS
AU MARIAGE DE THÉTIS ET PELÉE
ÇA VA ÊTRE GÉNIAL, Y AURA TOUT LE MONDE
TU TROUVES QU'IL ME VA BIEN, ÇUI-LÀ ?
COMMENT ÇA, "TOUT LE MONDE"?
OU ÇUI-LÀ?
TU TROUVES QU'IL ME VA MIEUX, ÇUI-LÀ ?
ET ON PEUT SAVOIR POURQUOI MOI, J'Y SERAI PAS?!!
ET COMME ÇA? C'EST BIEN, COMME ÇA, NON?

tandis que sur l'Olympe...
VIVE THÉTIS ET PÉLÉE
HI HI HI
HAHAHA
HAHA
TROP COOL
CARRÉMENT
AH OUI?
ET TOI ÇA VA ?
ALORS IL ME DIT...
HA HA HA
SANS BLAGUE! HOHOHO
...la fête bat son plein

ON VA VOIR SI ÇA VOUS FAIT TOUJOURS RIGOLER!
POUR HÉRA ATHÉNA APHRODITE
À LA PLUS

C'EST QUOI? C'EST QUOI?
Y A MARQUÉ "À LA PLUS BELLE"
N'IMPORTE QUOI
ÇA DOIT ÊTRE POUR MOI, ALORS
DONNE!

COMMENT ÇA, "DONNE !"
BEN...
ELLE DIT QUE C'EST ELLE LA PLUS BELLE !
C'EST N'IMPORTE QUOI !
NON MAIS FRANCHEMENT, QU'EST-CE QUE TU EN PENSES, ZEUS ?
OBJECTIVEMENT
LES ÉCOUTE PAS, MON ZEUS. TU SAIS BIEN QUE C'EST TOI LE PLUS BEAU
HEIN MON ZEUS ?
ARRÊTEZ ÇA TOUT DE SUITE !
AH, VOILÀ ! C'EST BIEN, MON ZEUS
HERMÈS ! VIENS ICI TOUT DE SUITE !
T'AS ENTENDU, HERMÈS ? TOUT DE SUITE, MON ZEUS IL A DIT

HERMÈS !!
?
VOÏLÀ. MOI JE PEUX PAS DÉCIDER. TU IMAGINES LES PROBLÈMES! IL FAUDRAIT QUELQU'UN D'UN PEU NEUTRE, TU VOIS. NEUTRE, MAIS PAS TROP NUL QUAND MÊME, TU VOIS?
OUI OUI
J'AI PENSÉ À QUELQU'UN
TU TE SOUVIENS DE PÂRIS, LE FILS DE PRIAM?
CELUI QUE PRIAM VOULAIT TUER PARCEQU'ON AVAIT DIT QU'IL ALLAIT AMENER DES GROS PROBLÈMES? OUI OUI
TU SAIS CE QU'IL EST DEVENU?
JE CROIS QU'IL EST VAGUEMENT BERGER SUR LE MONT IDA
C'EST PAS TOUT PRÈS
ÇA FERA DES FRAIS
ET TU LUI DIS QUE LES DIEUX L'ONT REMARQUÉ, PARCE QU'IL EST BEAU, FORT, INTELLIGENT, ETC, ETC. ENFIN TU TROUVERAS. JE COMPTE SUR TOI
ÇA MARCHE...

AH VOILÀ
cui cui
cui cui
ON EST PAS BIEN, LÀ ?
YES
ELLE EST BONNE, LA TIENNE ?
PAS MAL, MAIS CELLE D'HIER ÉTAIT MEILLEURE. UN PEU TROP DE CHARDONS. MAIS ÇA VA.
PÂRIS, ES-TU PRÊT POUR UNE MISSION D'UNE EXTRÊME IMPORTANCE ORDONNÉE PAR LE ROI DES DIEUX, AUTREMENT DIT, ZEUS ?
C'EST QUI, LUI ?
JE TE PRÉVIENS : S'IL TOUCHE UN BRIN D'HERBE, UN SEUL !
JE LE TUE
DE TOUTES FAÇONS TU AS PAS LE CHOIX
QUI ?
MOI ?
cui cui ?
FAIS GAFFE, ÇA SENT L'ARNAQUE
OÙ EST-CE QUE JE L'AI MISE ? RHALÀLÀ...
AH VOILÀ !
?
C'EST LOUCHE, JE TE DIS.

BON, ALORS VOILÀ COMMENT ÇA VA SE PASSER: J'AMÈNE LES DÉESSES, TOI TU RESTES LÀ. AU SIGNAL, TU CHOISIS, TU DONNES LA POMME ET BASTA, C'EST REGLÉ.
ET SI JE LA COUPAIS JUSTE EN TROIS, ET COMME ÇA...
OH LALÀ, LES EMBROUILLES! ÇA SENT LES EMBROUILLES!
AH NON! TU TE RENDS COMPTE DE CE QUE TU ME DIS, LÀ? DÉSOBÉIR À ZEUS ?!! NON MAIS ÇA VA PAS, NON?
OK, OK. JE DISAIS ÇA COMME ÇA
JE ME DISAIS JUSTE ÇA SERAIT PEUT-ÊTRE PLUS SIMPLE DE...
BON. JE VAIS CHERCHER LES DÉESSES. TOI TU BOUGES PAS ET ON FAIT COMME ON A DIT
OK, OK
MAIS JE TROUVE QUE CE SERAIT QUAND MÊME PLUS SIMPLE DE...

C'EST QUI, D'ABORD, CE "PÂRIS" ? ENCORE UN PETIT CHÉRI DE ZEUS ?
MAIS NON HÉRA, PAS DU TOUT QU'EST-CE QUE TU VAS IMAGINER, VOYONS !
OK, MAIS JE TE PRÉVIENS : SI ELLE MET ENCORE SA CEINTURE...
JE LA DÉMOLIS !!!
OK, MAIS SI J'ENLÈVE MA CEINTURE, ALORS ELLE EN LÈVE SON CASQUE.
MAIS POURQUOI TU VEUX QU'ELLE ENLÈVE SON CASQUE ?
TU L'AS DÉJÀ VUE SANS SON CASQUE ? HIHI HIHIHI
MOI JE DIS : C'EST PAS GAGNÉ.

VOILÀ.
ET NOUS, ON NOUS DEMANDE PAS NOTRE AVIS, RIEN SÛR
NOTRE AVIS SUR QUOI ?

PLEIN DE FRIC
AMOUR TOTAL ET ÉTERNEL
GLOIRE INÉGALÉE
CHARME INCROYABLE
TOUTES LES GONZESSES
MEILLEUR EN TOUT (MÊME EN SPORT)
BEAUTÉ INCROYABLE
TOP APPARTEMENT DANS LE MEILLEUR QUARTIER D'ATHÈNES
SUCCÈS DINGUE
TRÈS GRANDE SAGESSE ?
ARRÊTEZ TOUT !!!

C'EST PAS DU TOUT COMME ÇA QU'IL FAUT FAIRE !
VOUS ALLEZ PRÉSENTER VOS ARGUMENTS L'UNE APRÈS L'AUTRE
MAIS...
Y A PAS DE "MAIS". C'EST COMME ÇA ET C'EST TOUT
NUMÉRO UN : HÉRA !
POUSSEZ-VOUS, IL A DIT "HÉRA" !
COMME JE LE DISAIS TOUT À L'HEURE, SI TU ME CHOISIS, TU AURAS DU FRIC, DU FRIC ET ENCORE DU FRIC
ET QUAND JE DIS DU FRIC, C'EST...
...BEAUCOUP DE FRIC !!
PAS MAL, NON ?
€ € € € € € € €
MERCI HÉRA. ET MAINTENANT... NUMÉRO DEUX : ATHÉNA !
AH QUAND MÊME
EH BEN MOI JE FERAI QUE NON SEULEMENT TU GAGNERAS TOUTES TES BATAILLES, MAIS EN PLUS TU SERAS EXTRÊMEMENT BEAU ET INTELLIGENT !
ÇA SERA PAS DU LUXE
NUMÉRO TROIS : FRO-FR... EUH, JE VEUX DIRE APHRODITE !
ET MOI JE CROIS QUE C'EST L'AMOUR QUI COMPTE LE PLUS DANS LA VIE... ET PAS SEULEMENT L'AMOUR, MAIS EN PLUS AVEC LA PLUS BELLE FEMME DU MONDE ! (À PART MOI) (MAIS JE SUIS HORS CONCOURS VU QUE JE SUIS UNE DÉESSE)

PRENDS TON TEMPS, TE PRÉCIPITE PAS.
BON, ALORS, POUR LA NUMÉRO UN, C'EST NON. LE FRIC C'EST PAS MON TRUC.
OK. HÉRA : ZÉRO
LA NUMÉRO DEUX, J'AIME PAS TELLEMENT LA BAGARRE NON PLUS. ET POUR CE QUI EST DE LA BEAUTÉ ET DE L'INTELLIGENCE, JE VOUDRAIS PAS DIRE, MAIS VOUS M'AVEZ VRAIMENT REGARDÉ ?
OK. ATHÉNA : ZÉRO, DONC
PAR CONTRE, POUR LE COUP DE LA PLUS BELLE FEMME DU MONDE, VOUS DITES ÇA COMME ÇA OU VOUS AVEZ UNE IDÉE PRÉCISE ?
TRÈS PRÉCISE, EN FAIT
BZZ BZZ BZZ... HÉLÈNE DE SPARTE .. BZZ BZZ... CANON... BZZ BZZ...
MMM...
MAIS ELLE EST MARIÉE, NON ?
ET ALORS ?

C'EST PRESQUE PAS AMUSANT QUAND C'EST SI FACILE.
ILS ONT ENCORE RIEN VU.
OUAIS.
BZZ... BZZ... SAC DE NOEUDS BZZZ...BZZ.
GUERRE TOTALE !
ELLE L'AURA PAS VOLÉ.
ET MAINTENANT IL SE PASSE QUOI ?
TU VOIS ÇA AVEC APHRODITE.
C'EST PLUS MON PROBLÈME
CIAO
ET QUAND EST-CE QUE JE L'AURAI, LA PLUS BELLE FEMME DU MONDE ?
ET NOUS, ON COMPTE POUR DU BEURRE ?

JE SAIS BIEN, MON PETIT PÂRIS, MAIS JE SUIS ASSEZ OCCUPÉE, LÀ... JE TE PROMETS QUE JE M'EN OCCUPE.
DÉJÀ, CE SERAIT BIEN QUE TU AILLES À SPARTE...
TAP TAP TAP
JE SAIS PAS, MOI... T'AS PAS UNE TANTE À SPARTE? HÉSIONE, OU QUELQUE CHOSE COMME ÇA... NON?
AH BEN VOILÀ! C'EST PARFAIT! DIS QUE TU VEUX LA RAMENER À TROIE, ET MOI JE M'OCCUPE DU RESTE
JE SAIS! JE VAIS FAIRE CONSTRUIRE UN BATEAU AVEC VOUS COMME FIGURE DE PROUE! ÇA VA ÊTRE GÉNIAL!
MON PÂRIS! TU VAS PAS T'EN ALLER?!
EUH, DÉSOLÉ, Y A ŒNONE QUI VEUT ME PARLER, LÀ...

TOUT ÇA À CAUSE DE CETTE DÉESSE À LA NOIX!
CHUT...
QU'EST-CE QU'ELLE A DIT ?!! J'AI PAS TRÈS BIEN ENTENDU... DE QUI ELLE PARLE, EXACTEMENT?
ALLÔ?
ALLÔ!
PÂRIS?
SI TU Y VAS, IL VA T'ARRIVER DES TRUCS TERRIBLES, JE TE PRÉVIENS!
BÊÊ BÊÊ
TU VOIS, MÊME TA SŒUR EST D'ACCORD AVEC MOI!
OH LÀ LÀ, IL Y A CASSANDRE QUI S'EN MÊLE, MAINTENANT! QU'EST-CE QUE JE FAIS?
UN: TU FAIS PAS ATTENTION À CE QU'ELLE DIT. DEUX: TU FAIS COMME MOI J'AI DIT. TU VAS À SPARTE, TU RAMÈNES HÉLÈNE À TROIE, ET VOILÀ. C'EST PAS COMPLIQUÉ, TOUT DE MÊME!
ET LE GAUCHE, LÀ? TU AS OUBLIÉ LE GAUCHE.
NON NON, C'EST PAS À TOI QUE JE PARLE.
BON, ALORS, TU AS COMPRIS?
OUI, LÀ C'EST À TOI QUE JE PARLE.

SHLAK
DU NERF! J'AI DIT DU NERF!!!
SPLASH
ON EST PAS BIEN, LÀ ?
SPLASH
SI, MAIS TU PEUX LEUR DIRE DE FAIRE UN PEU MOINS DE BRUIT ? DÉJÀ QUE J'AI UN PEU MAL AU CŒUR...
PLASH
SPLASH
C'est ainsi que Pâris conquit la belle Hélène, en la volant à Ménélas, et que débuta la terrible guerre de Troie.
OUI, BON, "TERRIBLE"... FAUT PAS EXAGÉRER NON PLUS
EH, M'MAN, EH, M'MAN, QUAND EST-CE QU'ON ARRIVE ?

AH, VOUS PARLEZ DE LA GUERRE DE TROIE...
ENFIN, CE QU'ON APPELLE "LA GUERRE DE TROIE"...
INTERVIEW FLASH
PARCE QUE, SI VOUS VOULEZ MON AVIS...
ON A FAIT BEAUCOUP D'HISTOIRES POUR PAS GRAND CHOSE
OH LÀ LÀ J'AI LES CHEVEUX QUI FOURCHENT! C'EST HORRIBLE!
BON, C'EST VRAI, ÇA A DURÉ QUELQUES ANNÉES. MAIS PAR RAPPORT À L'ÉTERNITÉ, HEIN? C'EST PAS...
ACHILLE.. HECTOR.. OUI, C'EST DOMMAGE
QUAND JE PENSE QUE TOUT ÇA, C'ÉTAIT À CAUSE D'UNE POMME!
EN PLUS, MOI J'AIME PAS LES POMMES

AH NON ! LÀ, STOP ! JE VOUS RAPPELLE QUE C'EST ELLES QUI COMMENCE A PARLER DE GUERRE, DE PUISSANCE, TOUT ÇA...
JE PARLE D'HÉRA ET D'ATHÉNA, CES DEUX IDIOTES
MOI J'AI JUSTE PARLÉ D'AMOUR
DE TOUTE FAÇON, C'EST LA SEULE CHOSE QUI M'INTÉRESSE...
JE POUVAIS PAS DEVINER QUE TOUS LES MECS LA VOUDRAIENT POUR EUX, HÉLÈNE...
J'AI TOUJOURS PAS COMPRIS POURQUOI, D'AILLEURS
FRANCHEMENT, C'ÉTAIT JUSTE UN PRÉTEXTE POUR SE METTRE SUR LA G...
EXCUSE MY FRENCH
ET S'IL Y AVAIT PAS EU LES DEUX IDIOTES, POUR DIRE AUX MECS GNAGNAGNA C'EST PAS POSSIBLE, VOUS POUVEZ PAS LAISSER FAIRE ÇA, ETC, ETC.. EH BEN...
IL Y AURAIT PAS EU DE "GUERRE" DE TROIE
C'EST TOUT CE QUE J'AI À DIRE
J'ÉTAIS BIEN ?

DANS LA MÊME COLLECTION

Lucie Lomová
Anča & Pepík mènent l'enquête

Première édition.

Dépôt légal : août 2022 – D/2022/0089/351
ISBN 979-1-0347-6283-5

Éditions Dupuis s.a., rue Destrée 52, 6001 Marcinelle, Belgique.
Imprimé par PPO, rue de la Croix Martre 10, 91120 Palaiseau, France.
Achevé d'imprimer en juillet 2022.
www.dupuis.com

STYX